# THIS BOOK BELONGS TO :

_______________________________

# ABC
# Activity Mats

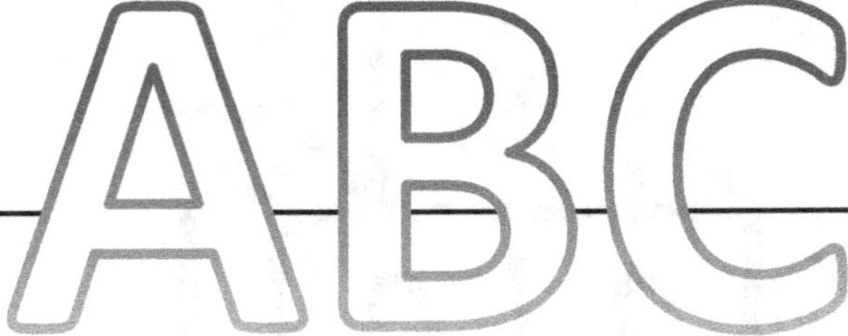

NAME : ....................
DATE  : ....................

A B C D E F G H E J K L M N O P Q R S T U V W X Y Z
apple
ant
acorn
a b c d e f g h i j k l m n o p q r s t u v w x y z

A B C D E F G H E J K L M N O P Q R S T U V W X Y Z

a b c d e f g h i j k l m n o p q r s t u v w x y z

A B C D E F G H E J K L M N O P Q R S T U V W X Y Z

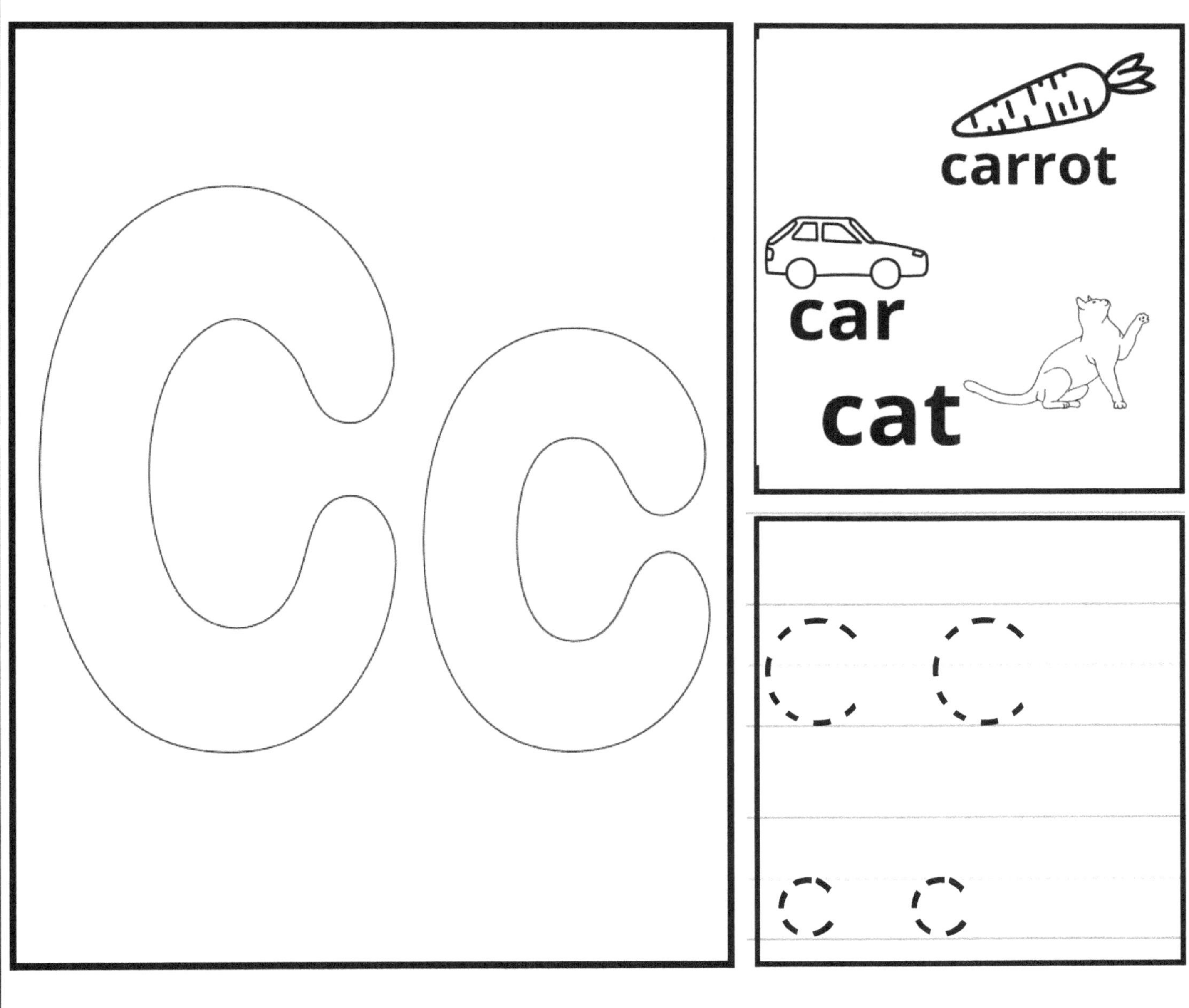


a b c d e f g h i j k l m n o p q r s t u v w x y z

NAME : ..................
DATE  : ..................



A B C D E F G H E J K L M N O P Q R S T U V W X Y Z

Dd

duck
dolphin
dinosaur


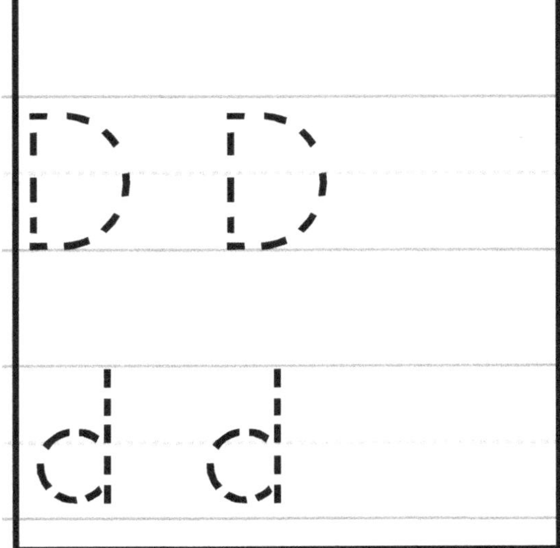

D D
d d



a b c d e f g h i j k l m n o p q r s t u v w x y z

NAME : ...................
DATE  : ...................

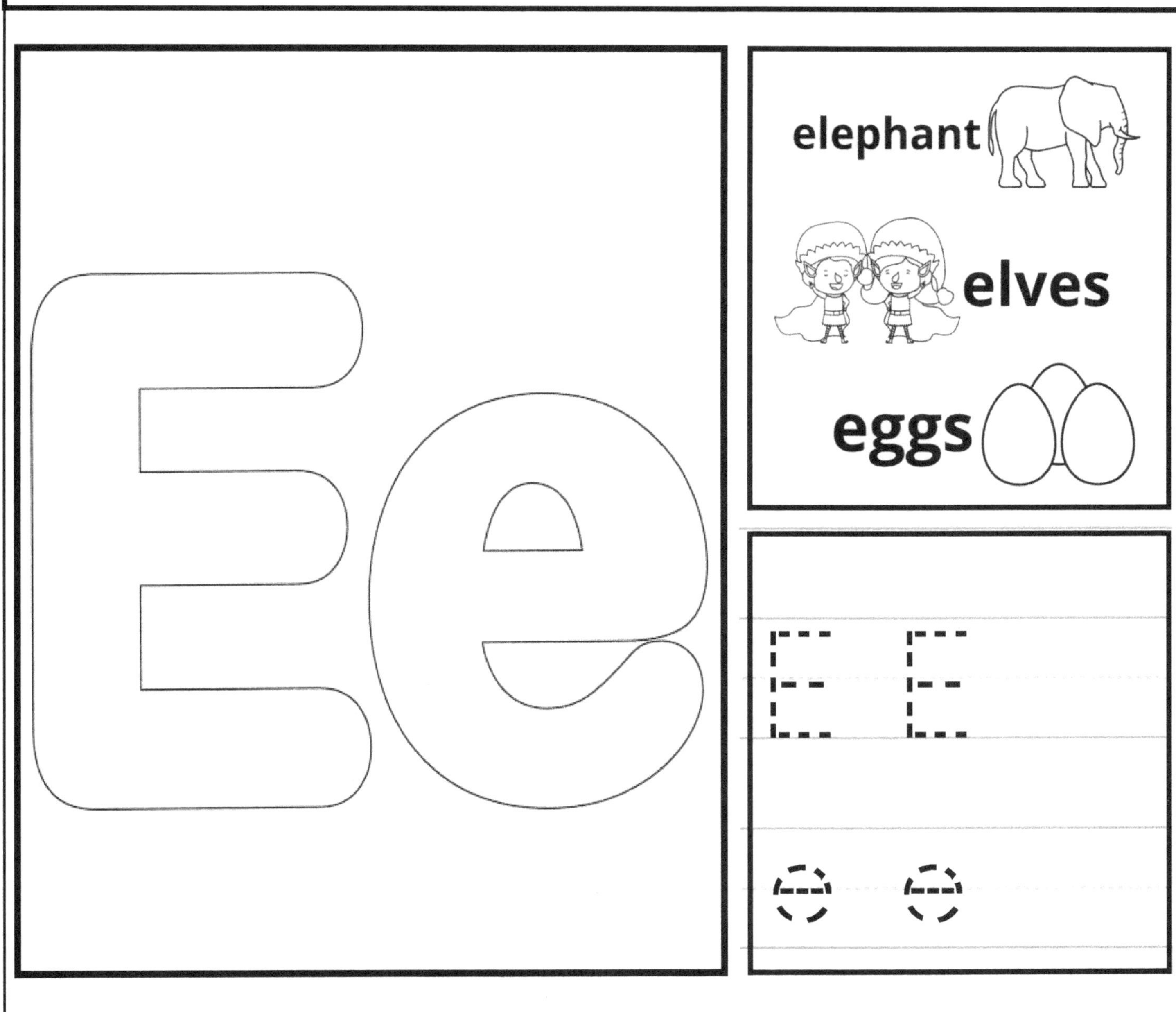
A B C D E F G H E J K L M N O P Q R S T U V W X Y Z

E e

elephant
elves
eggs

E E

a b c d e f g h i j k l m n o p q r s t u v w x y z

A B C D E F G H E J K L M N O P Q R S T U V W X Y Z

a b c d e f g h i j k l m n o p q r s t u v w x y z

A B C D E F G H E J K L M N O P Q R S T U V W X Y Z

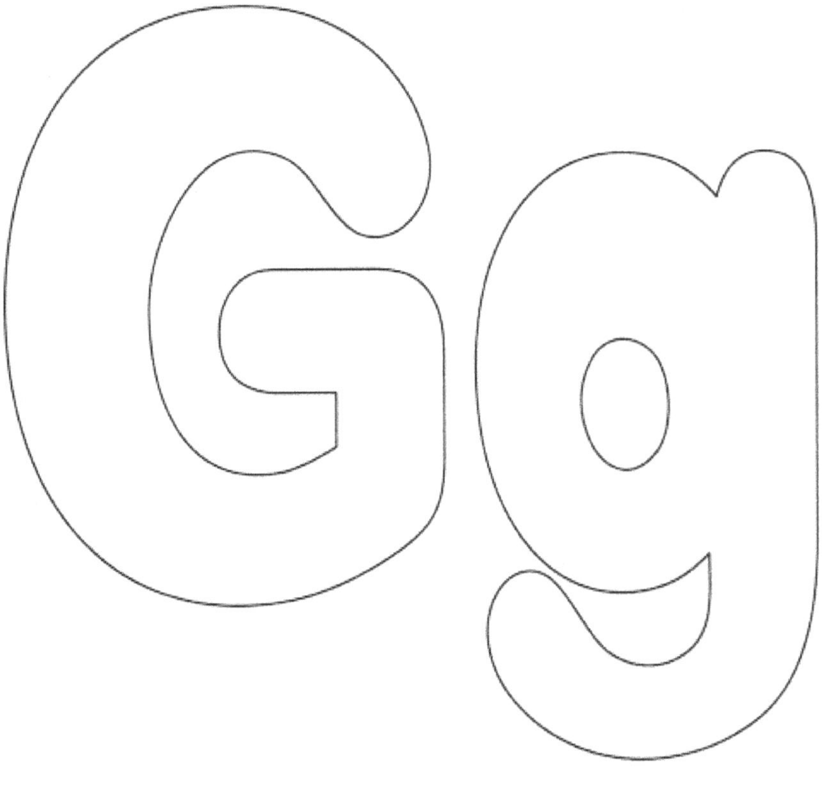

# Gg

a b c d e f g h i j k l m n o p q r s t u v w x y z

A B C D E F G H E J K L M N O P Q R S T U V W X Y Z

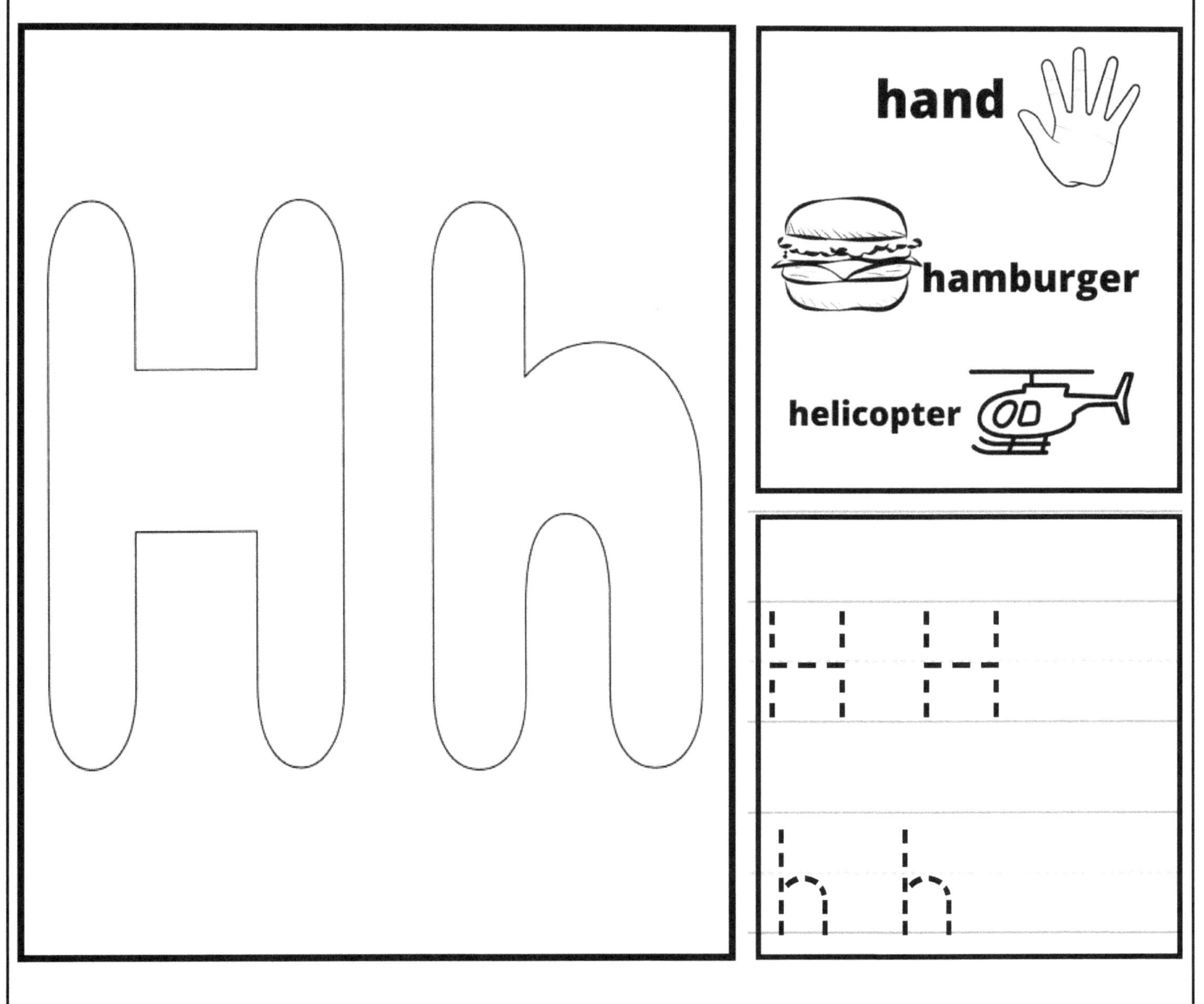



a b c d e f g h i j k l m n o p q r s t u v w x y z

A B C D E F G H E J K L M N O P Q R S T U V W X Y Z

a b c d e f g h i j k l m n o p q r s t u v w x y z

A B C D E F G H E J K L M N O P Q R S T U V W X Y Z

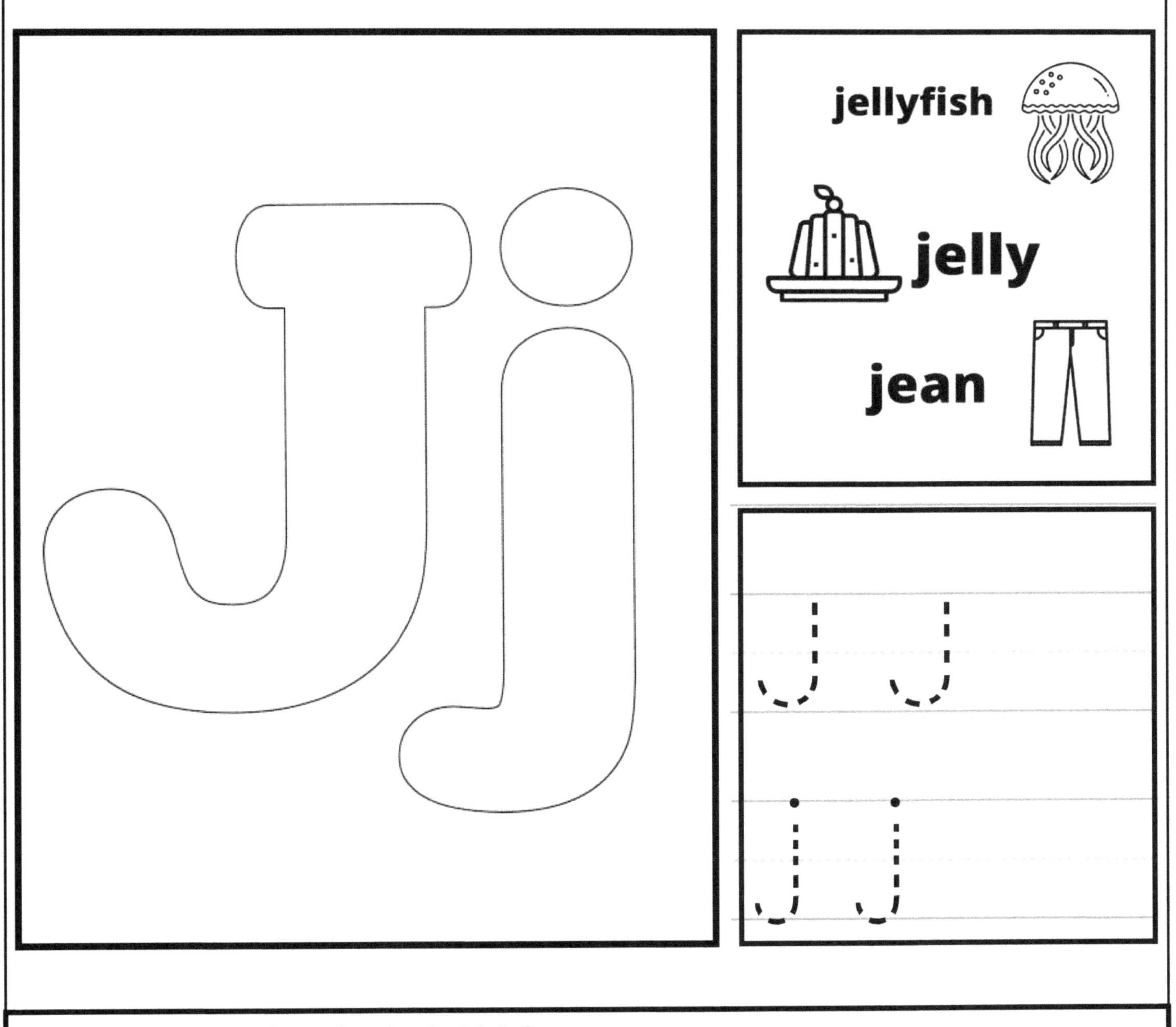


a b c d e f g h i j k l m n o p q r s t u v w x y z

NAME : .....................
DATE  : .....................

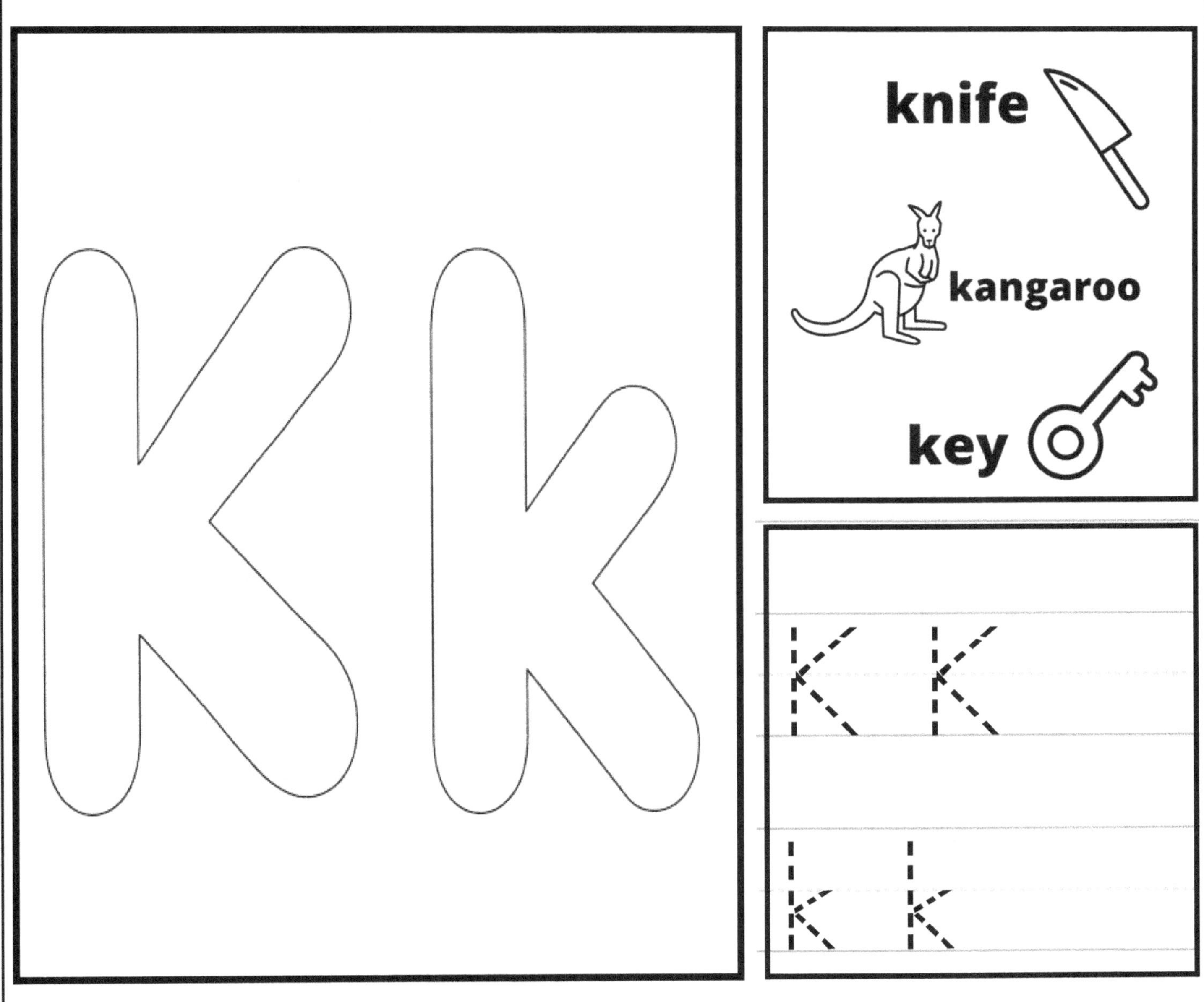
A B C D E F G H E J K L M N O P Q R S T U V W X Y Z

knife

kangaroo

key

K k

K K

k k

a b c d e f g h i j k l m n o p q r s t u v w x y z

# NAME : .....................
# DATE   : .....................

A B C D E F G H E J K L M N O P Q R S T U V W X Y Z

lion
lizard
leaves

a b c d e f g h i j k l m n o p q r s t u v w x y z

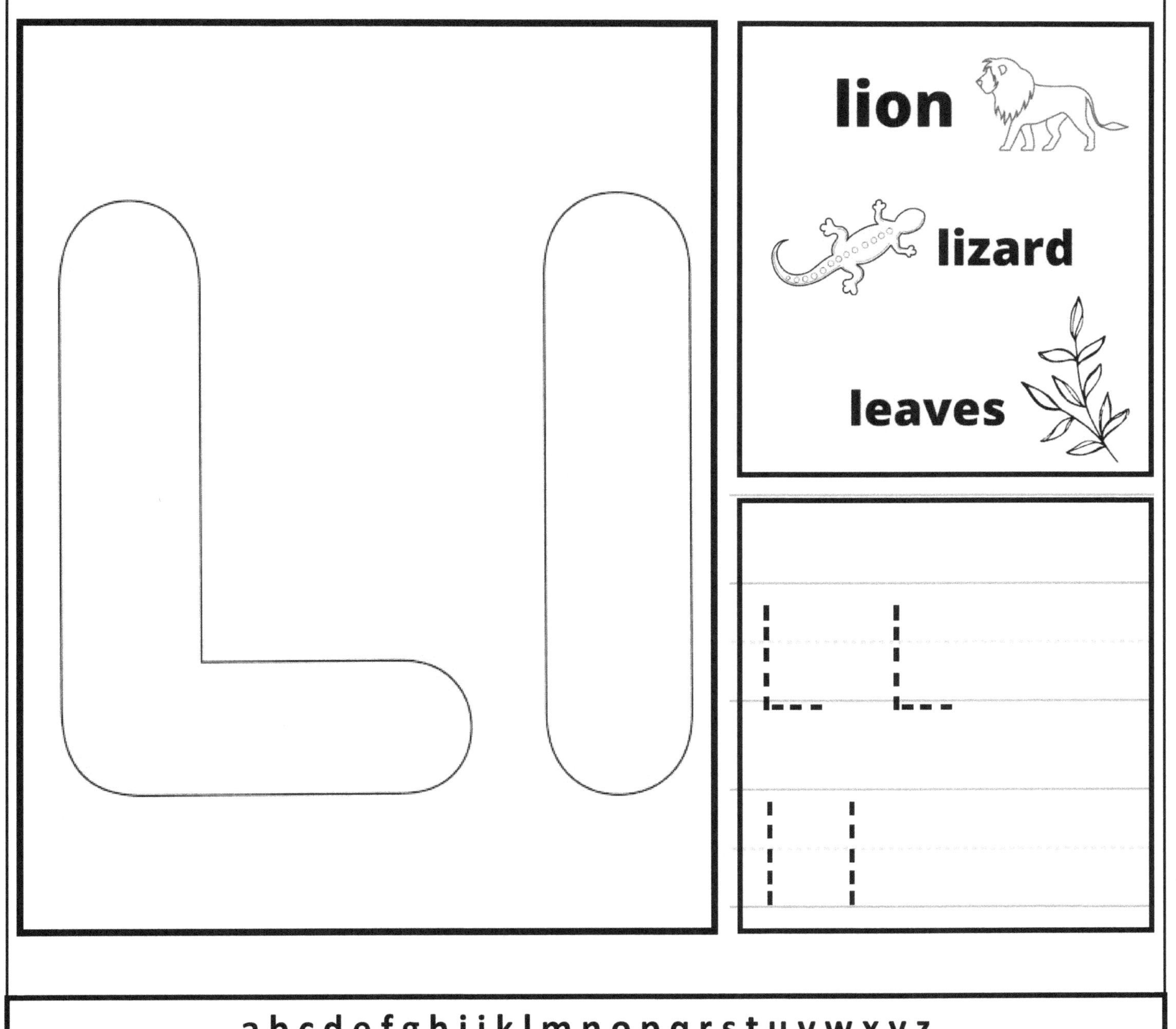

A B C D E F G H E J K L M N O P Q R S T U V W X Y Z

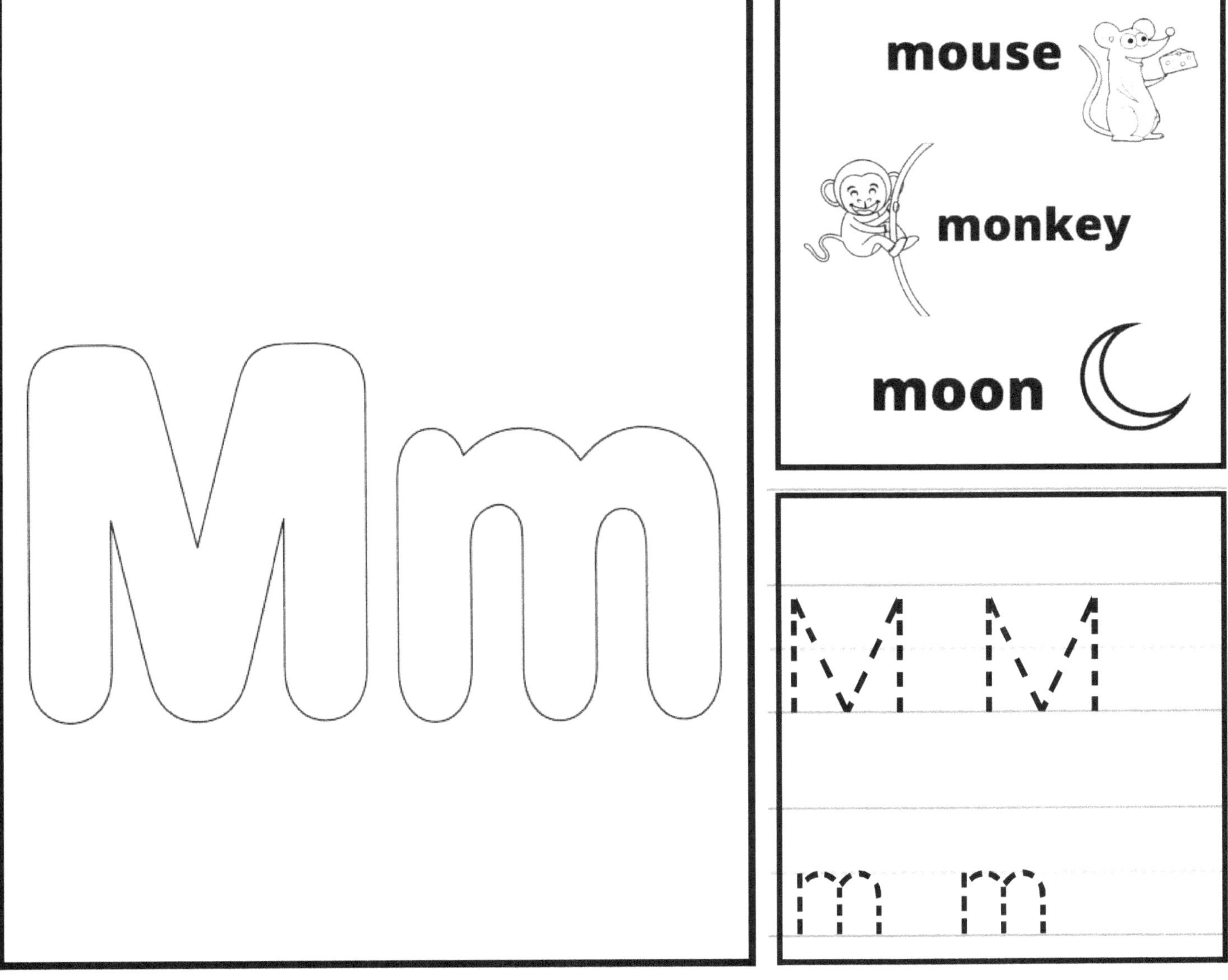


a b c d e f g h i j k l m n o p q r s t u v w x y z

NAME : ...................
DATE  : ...................



A B C D E F G H E J K L M N O P Q R S T U V W X Y Z


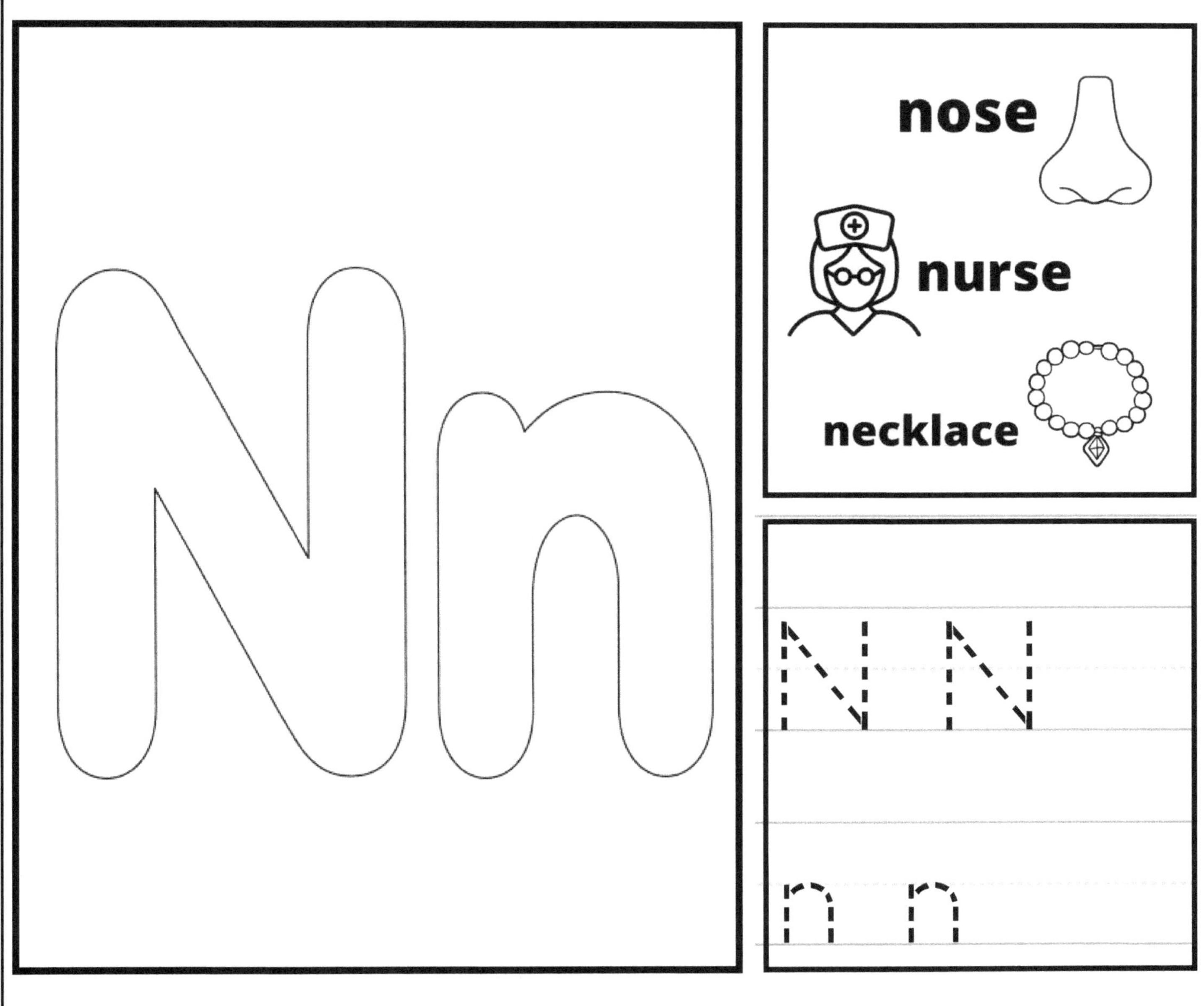


nose
nurse
necklace
N N N
n n n



a b c d e f g h i j k l m n o p q r s t u v w x y z

A B C D E F G H E J K L M N O P Q R S T U V W X Y Z

O o

a b c d e f g h i j k l m n o p q r s t u v w x y z

A B C D E F G H E J K L M N O P Q R S T U V W X Y Z

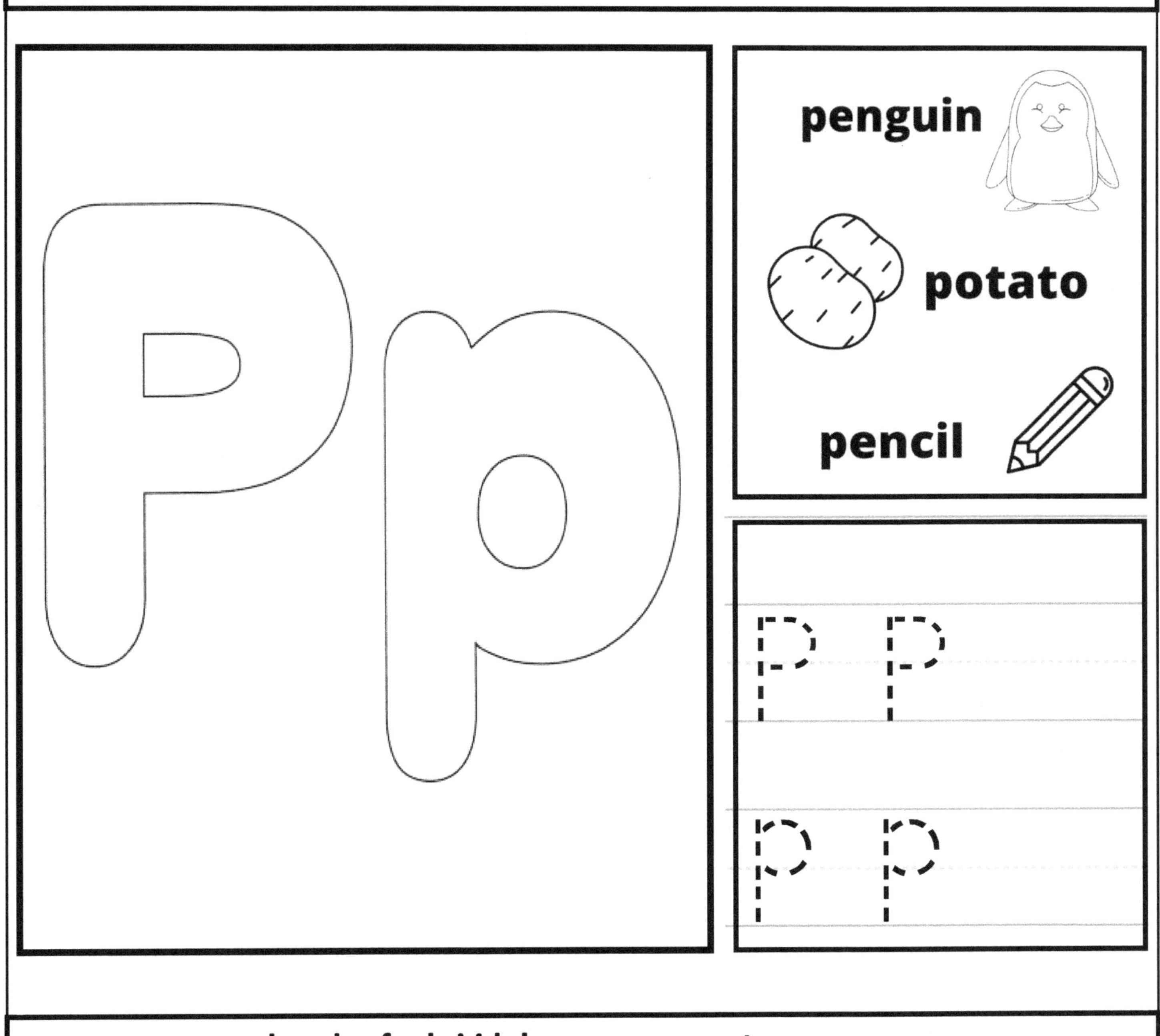


a b c d e f g h i j k l m n o p q r s t u v w x y z

NAME : ....................
DATE  : ....................



A B C D E F G H E J K L M N O P Q R S T U V W X Y Z

Qq
queen
quail
quiet
Q Q
q q



a b c d e f g h i j k l m n o p q r s t u v w x y z

A B C D E F G H E J K L M N O P Q R S T U V W X Y Z

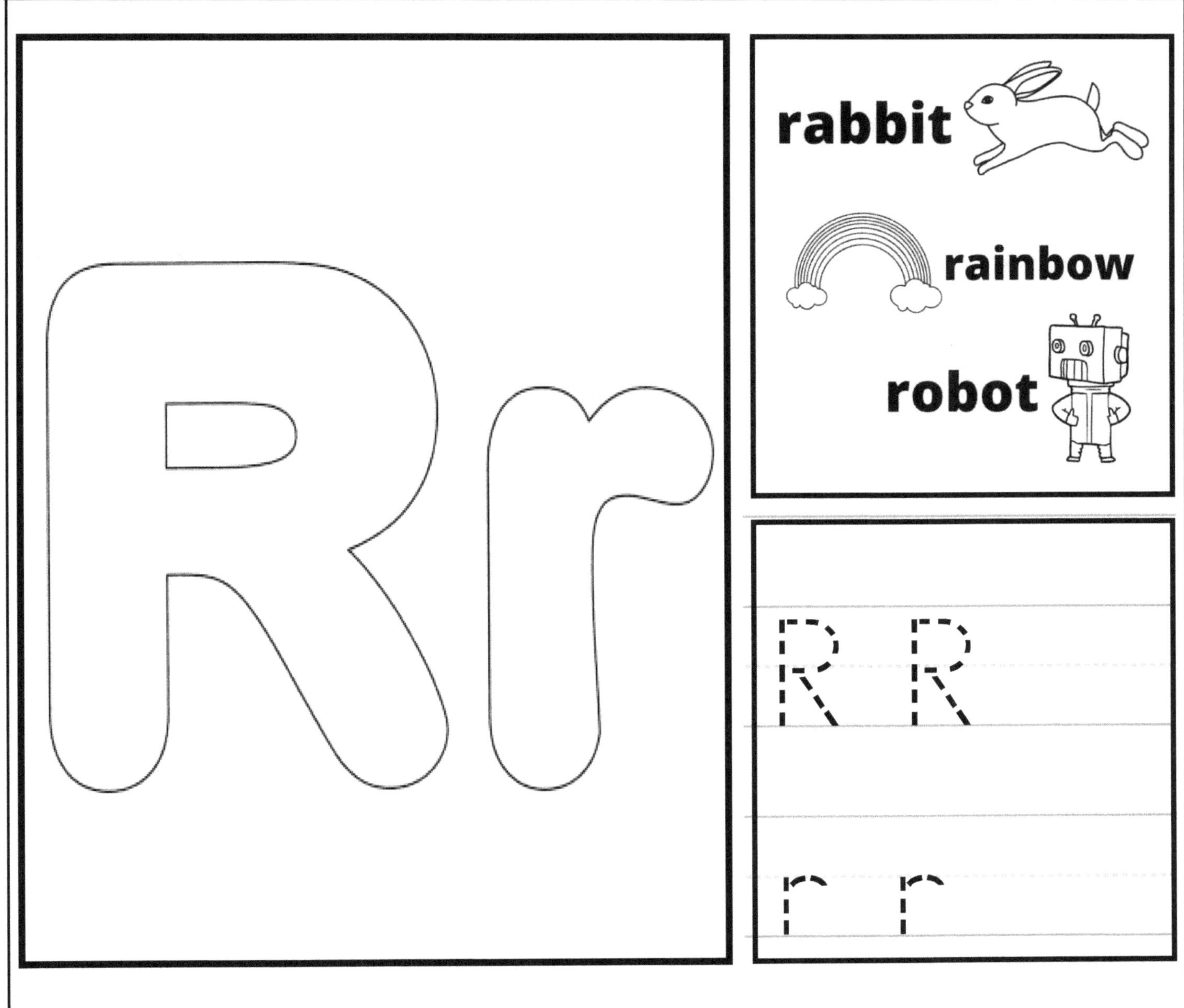


a b c d e f g h i j k l m n o p q r s t u v w x y z

ABCDEFGHEJKLMNOPQRSTUVWXYZ

abcdefghijklmnopqrstuvwxyz

NAME : ....................
DATE : ....................


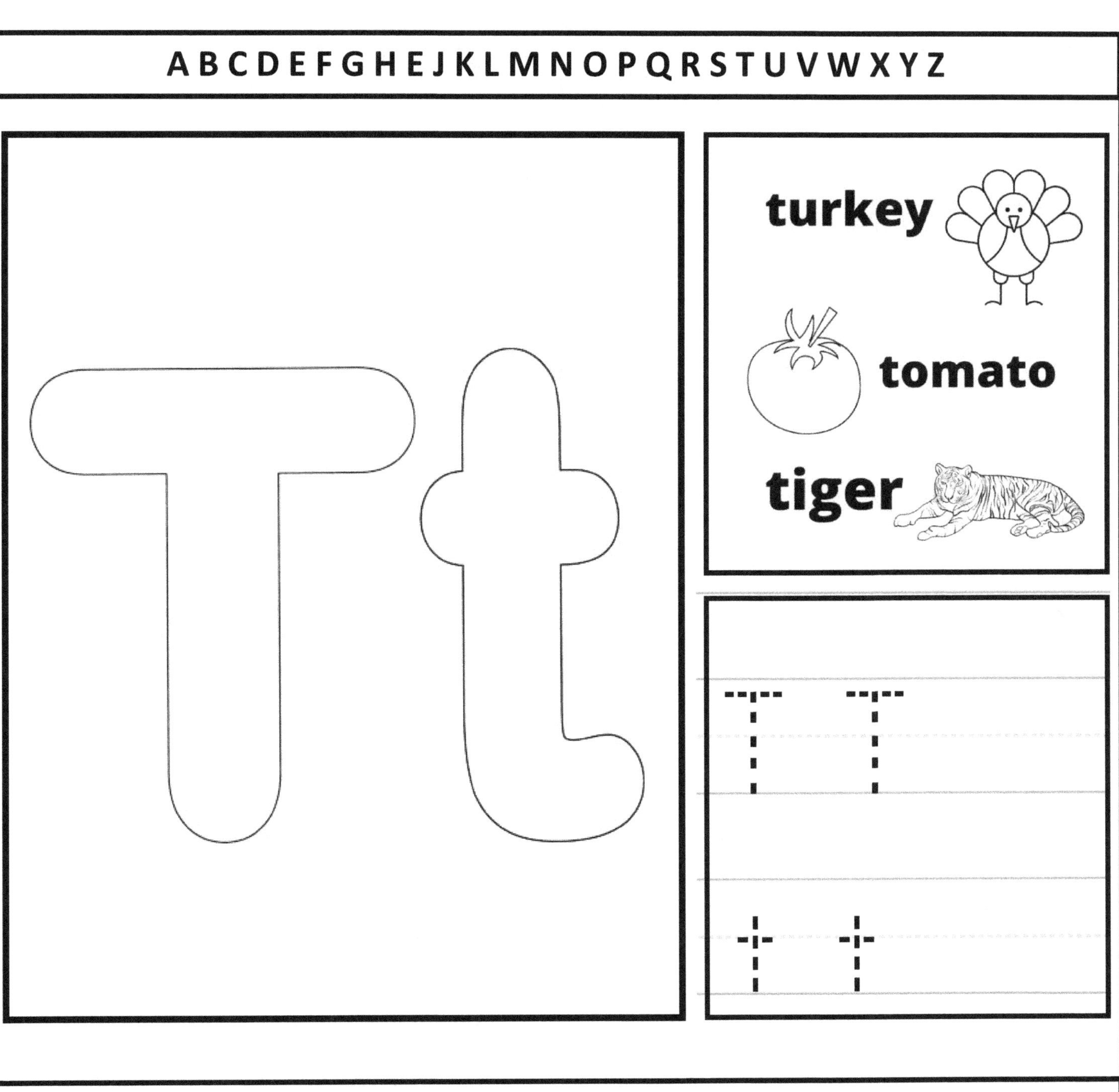


A B C D E F G H E J K L M N O P Q R S T U V W X Y Z

Tt

turkey
tomato
tiger

a b c d e f g h i j k l m n o p q r s t u v w x y z

A B C D E F G H E J K L M N O P Q R S T U V W X Y Z

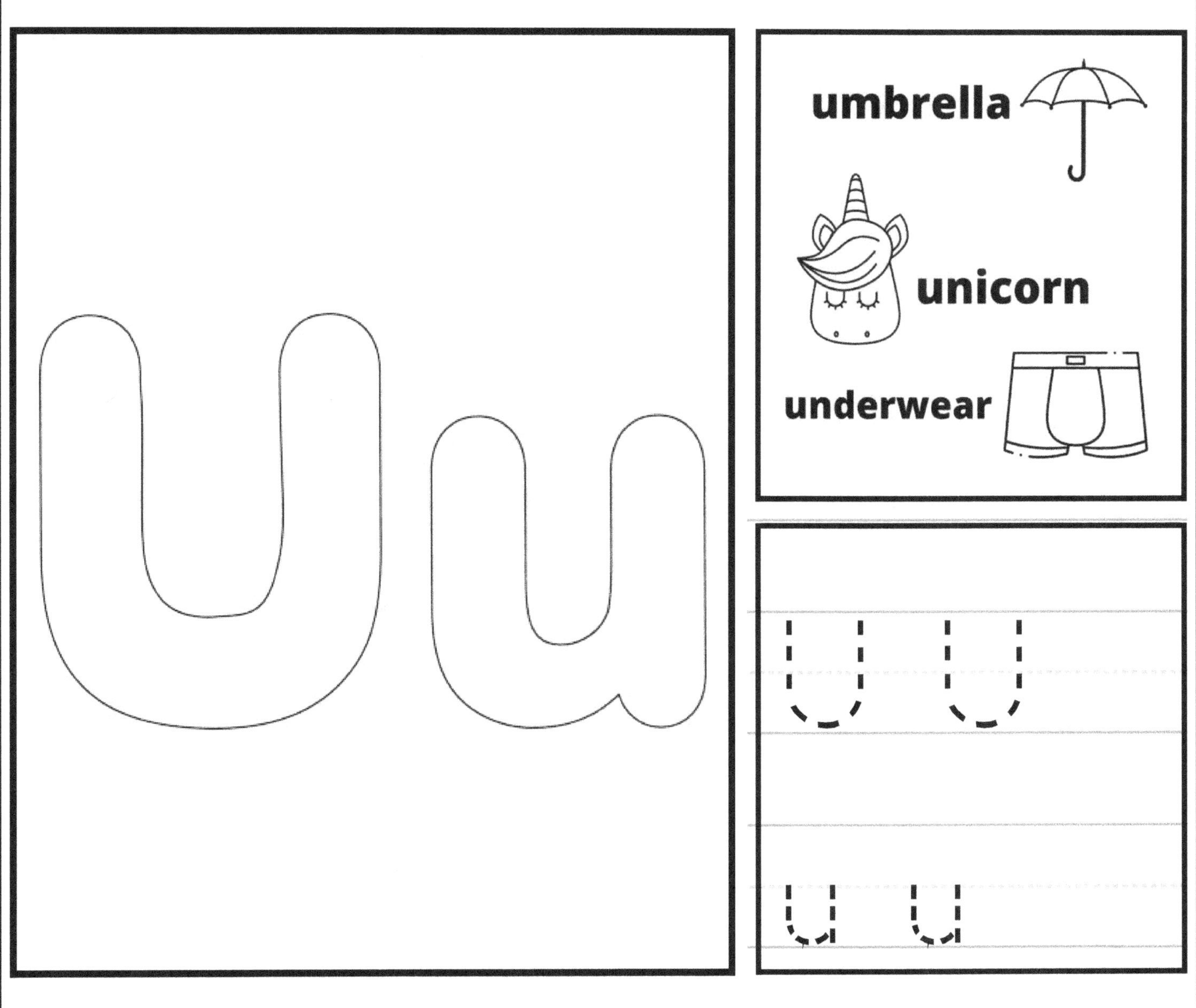


a b c d e f g h i j k l m n o p q r s t u v w x y z

NAME : .....................
DATE   : .....................

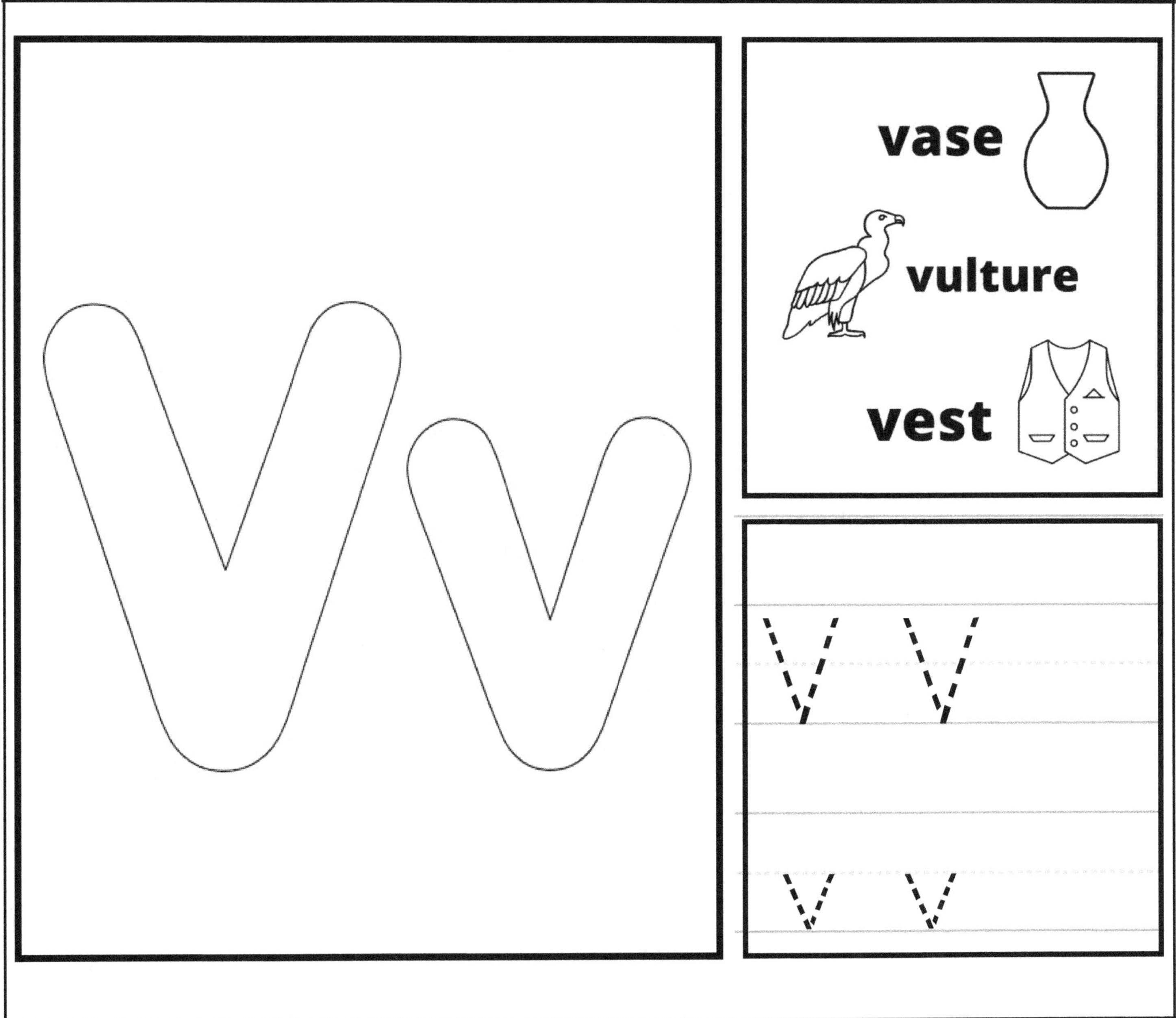
A B C D E F G H E J K L M N O P Q R S T U V W X Y Z

vase

vulture

vest

V v

a b c d e f g h i j k l m n o p q r s t u v w x y z

NAME : ....................
DATE  : ....................

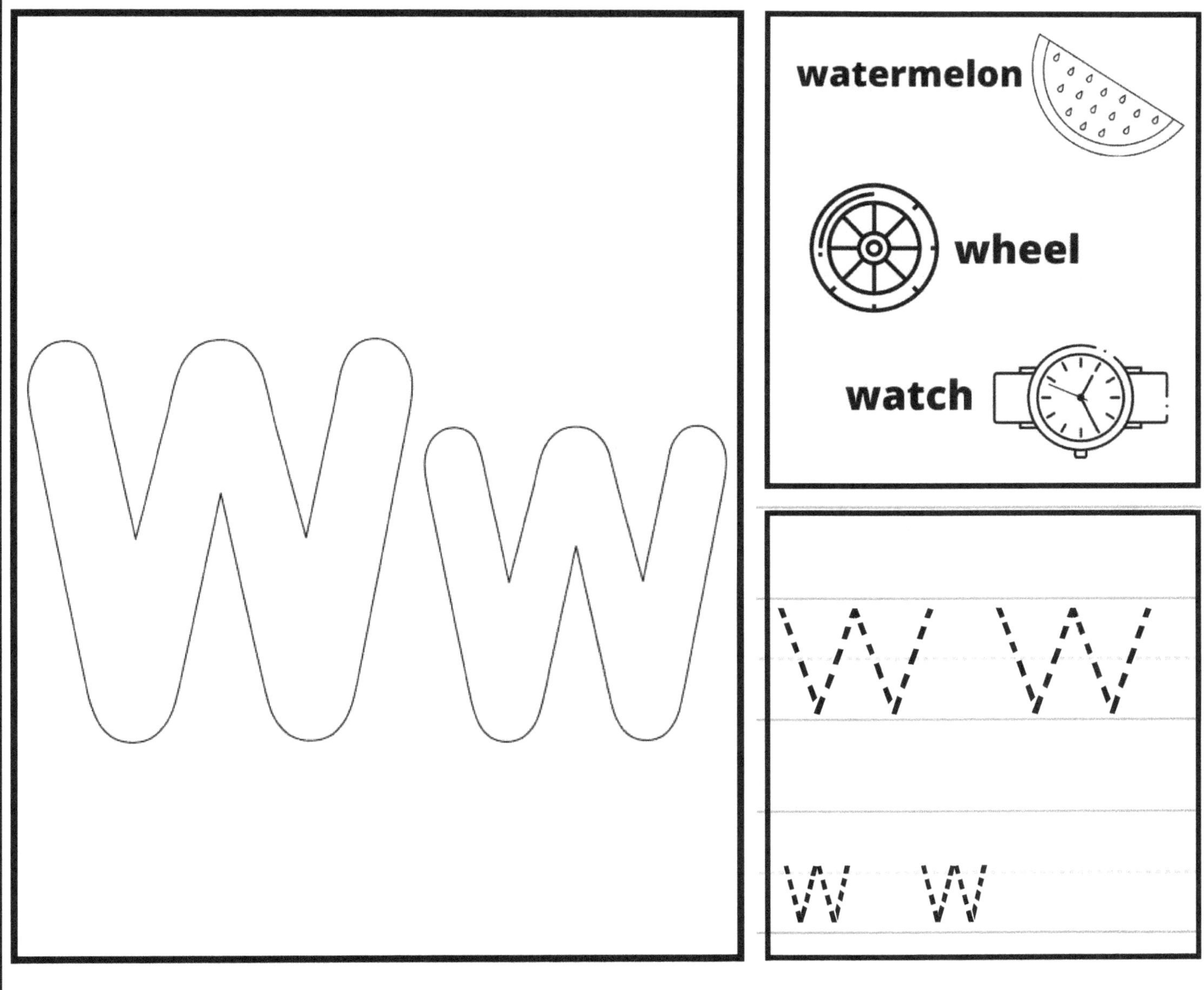
A B C D E F G H E J K L M N O P Q R S T U V W X Y Z

watermelon

wheel

watch

W w

a b c d e f g h i j k l m n o p q r s t u v w x y z

A B C D E F G H E J K L M N O P Q R S T U V W X Y Z

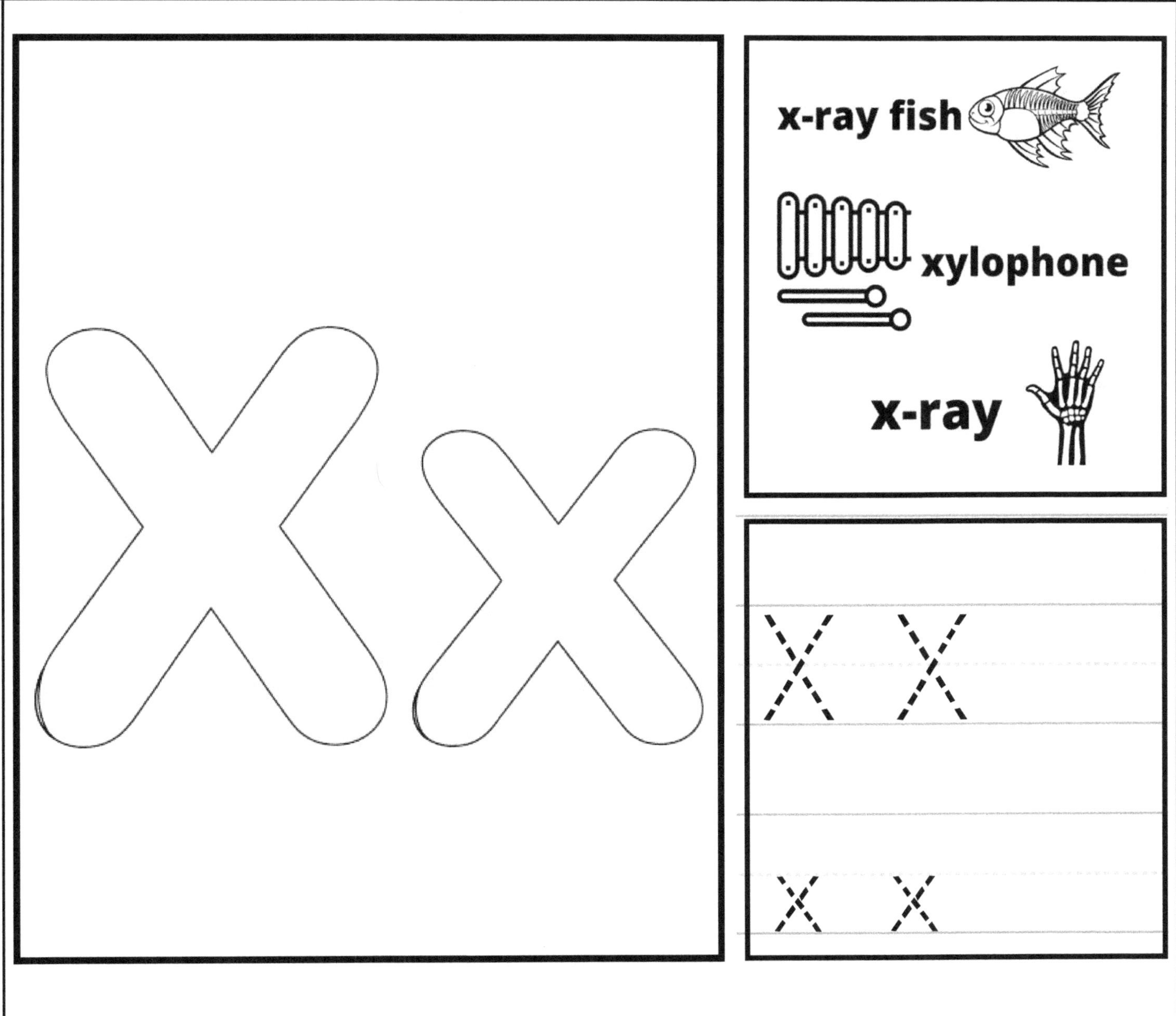


a b c d e f g h i j k l m n o p q r s t u v w x y z

NAME : ......................
DATE  : ......................

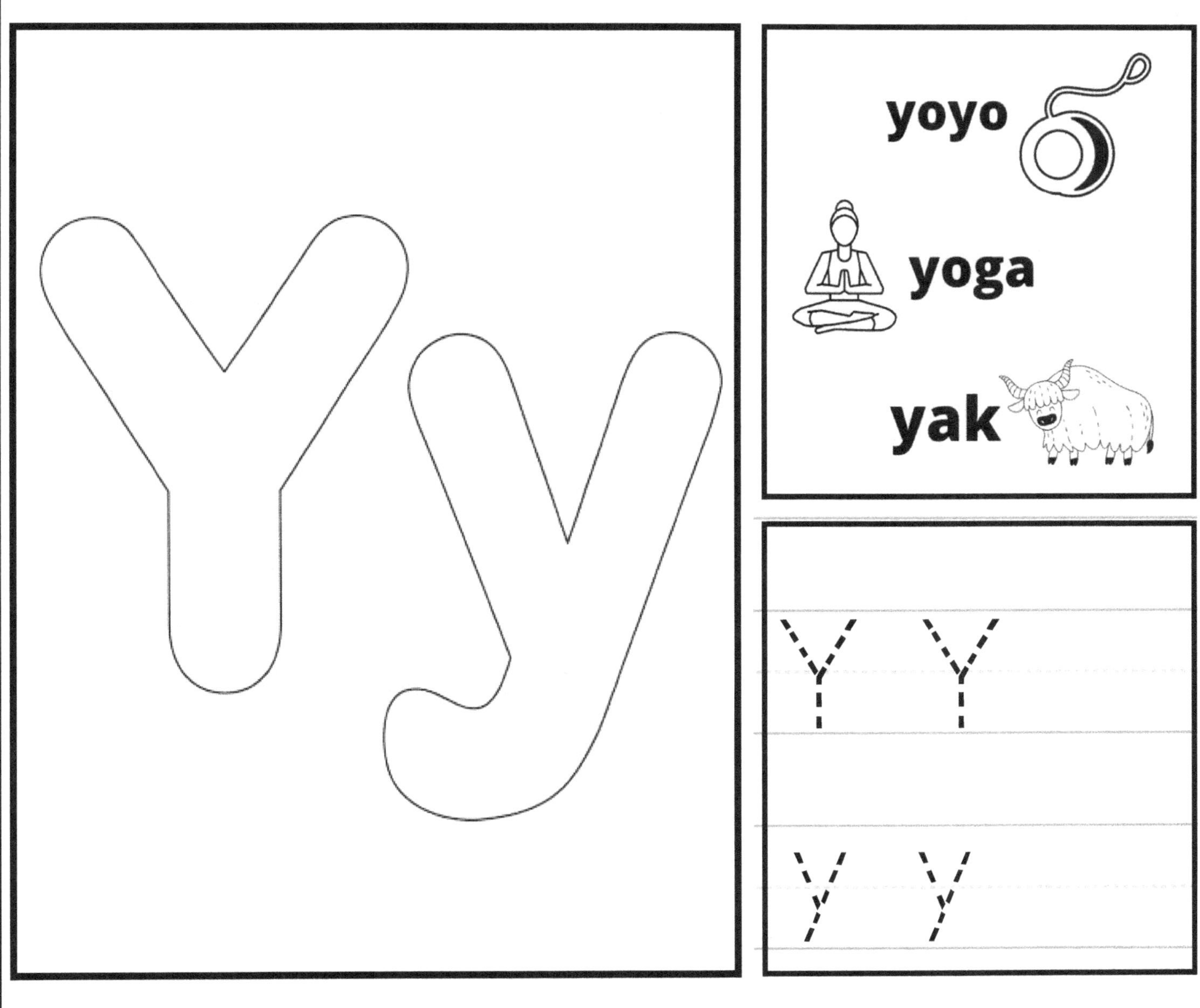
A B C D E F G H E J K L M N O P Q R S T U V W X Y Z

yoyo

yoga

yak

Y Y

Y Y

a b c d e f g h i j k l m n o p q r s t u v w x y z

A B C D E F G H E J K L M N O P Q R S T U V W X Y Z

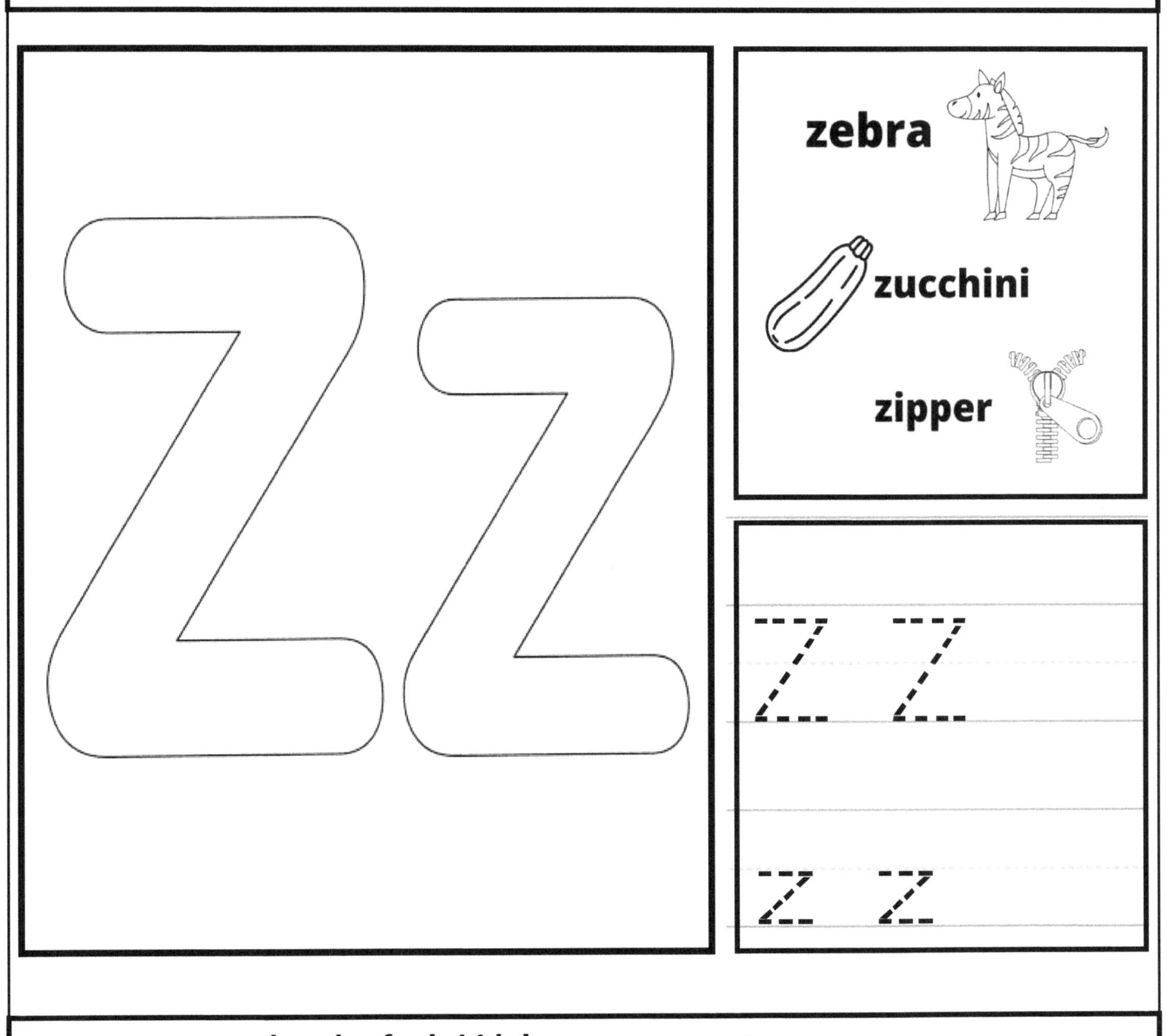


a b c d e f g h i j k l m n o p q r s t u v w x y z